AF479441

PICHEGRU,

SON PROCÊS

ET SON SUICIDE.

ERRATA.

Page 4, 23ᵉ ligne au lieu de *illustréé* lisez *illustre.*

Page 10, 8ᵉ ligne au lieu de *en leur faisant un mystère,* lisez *en leur eu faisant nn mystère.*

Page 16, 26ᵉ ligne au lieu de 1769, lisez 1796.

PICHEGRU,

SON PROCÈS

ET SON SUICIDE,

PAR C. M. PIERRET.

Tros Tyrius que mihi nullo discrimine agetur.
VIRGILE.

Paris,

IMPRIMERIE DE GAULTIER-LAGUIONIE,
HÔTEL DES FERMES.

1825.

PICHEGRU,

SON PROCÈS

ET SON SUICIDE.

Il y a vingt-et-un ans que Pichegru a cessé de
vivre : le genre de mort qui a terminé son existence a été constaté par une procédure régulière.
Un médecin, cinq chirurgiens, recommandables
par leurs talents et leur moralité, ont visité le
corps de ce général; ils ont déclaré, sous la foi
du serment, qu'ils estimaient qu'il s'était étranglé lui-même. Dix témoins connus, pris parmi
ceux qui avaient souvent vu Pichegru pendant
l'instruction de son procès, ont été appelés pour
assurer l'identité de personne. Il a été soumis à
leurs regards dans la même situation où il avait
été trouvé sur son lit de mort; tous l'ont reconnu. Le cadavre a été exposé nu dans la salle
des séances publiques du tribunal, en plein jour,
les portes ouvertes; enfin le médecin et les cinq
chirurgiens qui avaient procédé à la visite du
corps en ont fait l'ouverture, et, dans un procès-verbal revêtu des formes les plus authen-

1

tiques après avoir détaillé avec attention l'état dans lequel ils ont trouvé chacun des viscères, ils ont conclu de nouveau qu'ils persistaient à penser que Pichegru s'était lui‑même donné la mort.

La réunion de tant de formalités et de preuves aurait dû porter la conviction dans les esprits les plus opiniâtres ; cependant le suicide de Pichegru est encore contesté par des écrivains, des historiens même : tous accusent hautement Bonaparte d'avoir fait étrangler ce général.

Serait-il donc vrai que la prévention fût un mal désespéré, un mal incurable[1] ?

Parmi les ouvrages qui ont contribué le plus à propager et à accréditer cette erreur, je ne citerai que le Censeur et la Biographie universelle, parce qu'ils ont joui, l'un et l'autre, d'une grande vogue, et qu'ils sont écrits dans des principes opposés.

L'avertissement qui est en tête du premier volume du Censeur commence ainsi :

« Lorsque Napoléon Bonaparte se fut emparé

---

[1] Un homme sujet à se laisser prévenir, a dit l'abbé Gérard, s'il ose remplir une dignité séculière ou ecclésiastique, est un aveugle qui veut peindre, un muet qui s'est chargé d'une harangue, un sourd qui juge d'une symphonie. Faibles images qui n'expriment qu'imparfaitement la misère de la prévention ! il faut ajouter qu'elle est un mal désespéré, incurable, qui affecte tous ceux qui approchent du malade ; qui fait déserter les égaux, les inférieurs, les parents, les amis, jusqu'aux médecins, etc., etc.

des rênes du gouvernement, il présenta aux Français une constitution qui leur garantissait le libre exercice de leurs droits civils et politiques, et qui aurait pu faire leur bonheur, s'il n'avait pas eu le soin d'y introduire tous les vices qu'il crut propres à favoriser son ambition. Comme les hommes qu'il avait appelés pour la rédiger, et qu'il désigna ensuite pour la maintenir, n'avaient eu pour objet que de s'emparer de l'autorité souveraine, ils y portèrent des atteintes continuelles, et la renversèrent entièrement dès qu'ils se crurent arrivés à leur but, en proclamant que Bonaparte était la loi suprême et toujours vivante, et que le sénat était au-dessus des lois.

« Si un homme courageux avait alors élevé la voix pour la défense de la constitution, la police, après l'avoir fait signaler par les journaux comme un séditieux et comme un traître, l'aurait envoyé dans un des cachots où Pichegru fut étranglé.»

Dans un dialogue entre un royaliste pur, un royaliste constitutionnel, un républicain et un métaphysicien, inséré dans ce même volume du Censeur (page 54), le républicain cite au royaliste pur deux nobles personnages qui, malgré leur pureté actuelle, n'en ont pas moins brûlé leur encens aux pieds de l'homme puissant qui nous avait retirés de l'abîme, du nouveau Cyrus auquel le ciel avait donné les royaumes de la terre. «Ah! sans doute, répond le royaliste pur : quand M. C...... disait tout cela, le tyran n'avait pas assassiné le duc d'Enghien, étranglé Pichegru, etc. »

Ainsi, voilà un fait qu'on doit regarder comme avéré; car il est énoncé dans les termes les plus positifs. Il faut y croire; car il est exprimé avec l'accent de la conviction; et cependant ce fait est faux.

L'auteur de l'article Pichegru, dans la Biographie universelle, dit : « On croit généralement qu'il fut étranglé pendant la nuit dans son cachot, par ordre de Bonaparte, qui avait toujours redouté un aussi dangereux rival. »

L'époque de la mort de Pichegru, si rapprochée de l'épouvantable catastrophe du duc d'Enghien, a sans doute permis de croire, dans le premier moment, que le même homme qui avait osé violer le territoire d'un prince son voisin, avec lequel il était en paix, pour se saisir d'une victime illustrée[1], et la faire venir en toute hâte dans une de ses prisons d'état, afin

---

[1] J'ai entendu dire à un général de mes amis, homme rempli d'honneur et de probité, que jamais il n'avait dirigé sa lunette sur le corps des émigrés qu'il n'ait vu, à sa tête, le petit-fils du prince de Condé.

de la faire immoler militairement à son arrivée, avait aussi ordonné le supplice, à huis clos, de son ennemi captif. Mais bientôt après, lorsque les pièces relatives au suicide de Pichegru ont été rendues publiques, quel homme de bon sens, quel écrivain de bonne foi a pu refuser de croire aux preuves qui confirmaient la réalité de cet événement, et le confondre avec l'assassinat ténébreux exécuté à la lueur des torches infernales dans les fossés du château de Vincennes!....

Lorsqu'on prend la plume pour éclairer ses concitoyens sur la marche du gouvernement et sur ses actes, ou lorsqu'on s'impose l'honorable tâche de fournir des documents à l'histoire, ne devrait-on pas abjurer tout sentiment de haine? C'est une loi de pudeur à laquelle se soumet volontiers tout écrivain qui se respecte, et qui veut inspirer la confiance. Il peut, il doit même, être sévère : c'est un des caractères distinctifs de la vérité; mais il faut, avant tout, qu'il soit impartial.

Quand Pichegru s'est donné la mort, il n'était pas dans un cachot : la chambre qu'il occupait au Temple était vaste et bien aérée; et, s'il n'est que trop vrai qu'il fut outrageusement maltraité au moment de son arrestation, afin de vaincre les efforts qu'il faisait pour s'échapper des mains des gendarmes, on peut du moins attester que, pendant sa captivité, il ne fut exposé à aucune de ces rigueurs, de ces tortures si souvent prodiguées, avant et depuis, à des malheureux, poursuivis pour des opinions ou pour des délits politiques.

Jamais non plus Bonaparte n'avait pu le regarder comme un rival dangereux. Eh! dans quelles circonstances cette rivalité aurait-elle existé?

Pichegru, plus âgé que Bonaparte, était déjà général de division[1], que celui-ci n'était encore que chef de bataillon d'artillerie. Lorsqu'au mois d'avril 1796, Bonaparte prenait le commandement de l'armée d'Italie, et jetait incontinent à Montenotte, à Millesimo et à Mondovi les fondements de sa haute réputation militaire et de son étonnante fortune, Pichegru avait déjà foulé à ses pieds les lauriers qu'il avait moissonnés dans la Belgique et dans la Hollande, et il abandonnait, pour n'y plus reparaître, la carrière dans laquelle il s'était montré avec tant d'éclat et de gloire pendant une période malheureusement trop courte.

[1] Il fut nommé général par Saint-Just et Le Bas, dans l'année 1793. Quels gages de républicanisme ne devait-il pas avoir donnés à ses sévères patrons, dans un temps où Custine, Beauharnais, Houchard et tant d'autres portaient leurs têtes glorieuses sur l'échafaud; il fallait paraître bien franc pour mériter leur protection.

Tous deux étaient, sans doute, dévorés d'ambition : celle de Bonaparte a coûté à la France bien des larmes et des torrents de sang; mais, si Pichegru n'a pas été à même de donner la mesure de la sienne, il l'avait fait pressentir dès son début comme général en chef. Placé à la tête de l'armée du Rhin, dans le courant du mois d'octobre 1793, au moment où celle de la Moselle était mise sous les ordres de Hoche, il ne put contenir long-temps la jalousie que son collègue lui avait inspirée. Deux mois s'étaient à peine écoulés, que le comité de salut public avait été forcé de lui retirer son commandement, pour réunir les deux armées sous celui de son rival, aux opérations duquel il avait refusé sa coopération, et dont il avait compromis les succès. La leçon était sévère; elle fut infructueuse : la haine qu'il voua plus tard au général Jourdan montra que toute concurrence était insupportable à cet homme ombrageux. Combien de braves alors payèrent de leur vie sa jalouse inaction!

Quoi qu'il en soit, Pichegru appartient à la postérité; elle le comptera au nombre des grands capitaines qui ont illustré les armées françaises. Quel jugement portera-t-elle sur lui, en retraçant les événements auxquels il a pris part pendant les huit dernières années de sa vie? Puisse son arrêt ne pas ébranler le piédestal de la statue que des amis empressés lui élèvent!..

Quant à nous, contemporains et spectateurs de ces événements, nous ne pouvons voir en lui que l'homme qui, après avoir donné au parti qu'il avait embrassé d'abord des preuves signalées de son dévouement, l'a trahi au moment où il avait, en quelque sorte, enchaîné sa confiance. Notre longue tourmente révolutionnaire, qui a apporté tant de changements et de modifications dans nos mœurs et dans nos idées, n'en a point introduit dans les termes qui nous servent à les peindre ou à les exprimer. Le mot trahison conserve encore la rigoureuse acception qu'il a eue dans tous les temps. Dira-t-on que, dans la position où Pichegru s'était placé, le motif excusait l'action : mais, si on en croit la correspondance saisie à Offembourg, les lettres de Moreau qui la dénoncent, la pièce trouvée à Venise dans le porte-feuille du comte d'Antraigues qui la confirme et l'explique, pièces qui n'ont jamais été ni contestées ni démenties, et qui par conséquent sont devenues historiques; ce général, avant de prendre parti pour la cause royale, s'était laissé marchander, et dès-lors les dignités, les prérogatives, les décorations et les richesses qui lui étaient promises n'auraient plus été pour lui que le prix convenu d'une vente,

et non la récompense de loyaux services. Ah!
on n'est pas en même temps traître et grand
homme. Le désintéressement, cette vertu si rare
sur la terre qu'on peut l'appeler céleste, prouve
seule la grandeur de l'ame[1]!

Lorsque l'histoire s'occupera de ce vaste projet, du rétablissement de la monarchie, dont la
tentative a tenu à des causes si légères en apparence, et dont l'exécution aurait été alors iné-
vitablement fatale à tous, que de questions elle
aura à résoudre!

Elle dira pourquoi le prince de Condé, qui
depuis cinq ans avait les armes à la main pour
relever le trône, et qui croyait s'en être ouvert
la route par ses séductions, a perdu dans de
vaines discussions un temps dont il devait sentir
le prix. Quel avantage y avait-il pour lui que
la royauté fût proclamée à Huningue, dont Pichegru lui aurait alors ouvert les portes, ou
qu'elle le fût dans le camp des émigrés, comme
Pichegru le voulait, en présence de la portion
de l'armée française à laquelle il aurait fait
passer le Rhin? L'effet qu'un coup aussi imprévu
aurait produit dans l'intérieur n'aurait-il pas

[1] Il devait être maréchal de France, gouverneur d'Alsace et
décoré du cordon rouge. On lui promettait le château de Cham-
bord, douze pièces de canon, un million comptant, deux cent
mille livres de rente, un hôtel à Paris, etc., etc. (Pièce trouvée
dans le porte-feuille d'Antraigues.

été le même? Quant à l'intervention des Autrichiens, que Pichegru invoquait [1], et à laquelle le prince de Condé voulait se soustraire, n'était-elle pas inévitable dans l'un et l'autre cas? Pouvait-on penser qu'ils resteraient témoins passifs d'une entreprise aussi importante, eux qui ne faisaient la guerre que dans le même but? N'était-ce pas s'exposer, en leur faisant un mystère, à se les rendre ennemis, d'amis et de soutiens qu'ils étaient? Et quel secret d'ailleurs! le prince s'engageait, aussitôt que le Roi serait reconnu, à leur demander un armistice sur toute la ligne. Il était au moins douteux qu'ils voulussent l'accorder après l'injure qu'on leur aurait faite; dans quel embarras ne se serait-on pas trouvé, s'ils avaient seulement hésité à souscrire à cette singulière proposition!..

On a dit que le prince de Condé voulait avoir à lui seul l'honneur de faire la contre-révolu-

[1] Quel motif a pu engager M. Lacretelle à défendre Pichegru du reproche d'avoir voulu associer les Autrichiens à l'exécution de son plan? « Il paraît, dit-il, que Pichegru cherchait à séparer les émigrés d'avec les étrangers armés contre sa patrie, et qu'il avait cru pouvoir conduire le projet de faire proclamer Louis XVIII par une armée *républicaine*, sans mêler ses étendards à ceux des ennemis. » La condescendance de cet historien est d'autant plus étrange que, lorsqu'il s'exprimait ainsi, il avait sous les yeux les preuves contraires. C'est le prince de Condé qui refusait de demander leur participation, et le général répondait: Je ne veux pas faire le second volume de Dumouriez.

tion : il exigeait cependant que Pichegru fît proclamer la royauté sur la rive gauche du Rhin,
qu'il arborât le drapeau blanc dans toutes les
places et sur tous les clochers qui bordent ce
fleuve, et qu'il l'invitât ensuite à se rallier à son
armée. Le prince ne se réservait donc plus que
le rôle d'auxiliaire, et la contre-révolution deve-
nait l'ouvrage de Pichegru. Il en aurait été le
héros, puisqu'il l'aurait commencée à ses propres risques et périls. La conduite que l'on fait
tenir au prince de Condé dans cette occasion
est incroyable. M. de Montgaillard cherche à
l'expliquer par l'ascendant qu'avaient pris sur
l'esprit de ce prince les hommes qui l'entou-
raient, et par l'espoir que lui donnaient les
nombreux agents qu'il avait en France, qu'une
grande et inévitable commotion prête à éclater
allait lui offrir les moyens d'y rentrer sans in-
termédiaire et presque sans coup férir.

Malheureusement, cette explication, d'ailleurs
très-plausible, est consignée dans un mémoire
rempli de fiel, rédigé par M. de Montgaillard,
dans l'intention de dévoiler toutes les intrigues
qui ont eu lieu à cette époque, et certes personne n'était plus que lui en état de le faire,
puisqu'il en avait été un des principaux acteurs,
et que c'était lui qui, le premier, s'était chargé
de sonder les intentions de Pichegru, déjà probablement équivoques.

Ce mémoire, il faut en convenir, quoiqu'accompagné de pièces justificatives, qui prouvent les faits essentiels, repousse toute confiance quant aux détails virulents qu'il renferme. Il porte, outre l'artifice extrême qui a présidé à sa rédaction, tous les caractères d'une œuvre de commande. Ce qui ne laisse aucun doute à cet égard, c'est qu'il est sorti des presses de la République au mois de germinal an 12. Ainsi l'homme qui, investi de la confiance du prince de Condé, avait engagé Pichegru dans le parti monarchique, avait fini par se livrer lui même à Bonaparte.

Germinal an 12!.. et c'est le 16 de ce même mois que Pichegru a mis fin à son existence!.. Quel rapprochement affreux! Si ce général a été instruit, dans sa prison, de cette délation infame, et il est probable que le gouvernement lui a fait connaître qu'il était armé de cette pièce, doit-on être étonné du parti extrême qu'il a pris!.. Son corrupteur était au nombre des témoins qu'on pouvait lui opposer; il a dû se croire abandonné de toute la terre. Le comte de Montgaillard a donné, dans cette circonstance, par sa lâche conduite, une leçon terrible aux traîtres et aux princes qui, dans l'adversité, prennent encore la flatterie pour de l'amour, et le zèle sordide pour un dévouement pur à leur personne et à leur cause.

Cette première et longue phase des intelligences pratiquées entre les émigrés et Pichegru, pendant laquelle les humiliations et les méfiances ne lui ont pas été épargnées, aurait dû le dégoûter d'une entreprise qu'il avait entamée avec d'autant plus d'ardeur qu'elle s'était présentée à son imagination sous des couleurs plus favorables à son ambition, et qu'il avait cru devenir un homme indispensable au nouveau parti qu'il avait embrassé. Il ne se rebuta point: la haine qu'il avait vouée à cette révolution, à laquelle il devait et le haut rang où il était parvenu, et la gloire qu'il avait acquise, n'avait fait que s'accroître. Les obstacles qu'il n'avait pu vaincre ne lui avaient servi que d'aiguillon. Enfant ingrat et aveugle, il ne prévoyait pas que son crédit pouvait lui échapper, et qu'après avoir promis aux princes français le secours d'une armée et l'appui de son influence, il serait réduit alors à ne les servir que par d'obscures intrigues. En effet, rappelé deux fois successivement à Paris par le Directoire exécutif dans un très-court intervalle, deux fois il obéit; mais, si l'accueil favorable qu'il reçut à son premier voyage avait dépassé son attente, il fut forcé au second de donner sa démission, et Moreau le remplaça.

En lui retirant le commandement de l'armée

du Rhin, qu'il avait à cette époque, le Directoire
avait cru devoir lui offrir l'ambassade de Suède,
moins pour adoucir l'impression que devait produire une disgrace, d'ailleurs si tardive, que
pour éloigner sans trop de scandale un homme
dont la présence l'importunait. Cette mission,
honorable en apparence, n'était au fond qu'un
exil mal déguisé; mais il rompait le fil des tra-
mes que ce général avait ourdies avec tant de
peines, et auxquelles il était loin de vouloir re-
noncer. Il eut d'abord l'air d'hésiter; il feignit
même d'accepter, pour gagner du temps, et afin
d'obtenir la permission de rejoindre son armée,
et mettre ordre à ses affaires personnelles. Mais
enfin le grand coup était frappé, on le pressa,
il fallait s'expliquer franchement, il refusa l'ambassade.

Voilà Pichegru replongé dans l'obscurité de la
vie commune: il avait laissé dans le décourage-
ment et dans un dénuement absolu, tristes symp-
tômes d'une désorganisation préparée depuis
long-temps, son armée, jadis si brillante et si
aguerrie. Cependant il osait encore espérer que
de nouveaux désastres, et l'appui de ses partisans
dans la capitale, mettraient le gouvernement
dans la nécessité de le rappeler à la tête de ses
troupes. Ce fut même à cette époque que son
imagination enfanta ce rêve de dictature dont

l'idée le poursuivit jusqu'à la fin de la carrière politique dans laquelle il allait entrer[1]. Son erreur ne fut pas longue.

Les succès de Bonaparte en Italie avaient électrisé toute la France : Jourdan et Moreau profitèrent de cet élan pour réorganiser leurs armées, et l'un et l'autre ne tardèrent pas à reprendre l'offensive.

Pichegru avait tout préparé pour faciliter aux Autrichiens et aux Français émigrés leur entrée dans les départements de l'est ; il pensait avec raison que Jourdan et Moreau ne soutiendraient pas long-temps avec avantage la lutte dans laquelle ils se trouvaient engagés. En effet, après avoir pénétré, le premier dans la Franconie, et le second en Bavière, tous deux, malgré la rapidité de leur invasion, furent bientôt contraints à rétrograder jusqu'aux points d'où ils étaient partis. Retraites étonnantes! qui feront époque dans l'histoire militaire de la Révolution française! qui ont valu, particulièrement à Moreau, des éloges universels, et qui ont couvert de gloire, à la fois, les deux chefs et les généraux qui combattaient sous leurs ordres!

On a dit[2] : « Que le défaut d'ensemble dans les opérations des armées de Sambre-et-Meuse et du

[1] Tome 1er des pièces saisies, pages 312, 480 et suivantes.
[2] Victoires et conquêtes, tome VIII, page 63.

Rhin avaient été cause des revers qu'elles avaient éprouvés. » Cette observation est juste. Ce qui fut plus malheureux, et dont on ne s'est pas souvenu sans doute, c'est que, dans cette longue et mémorable campagne, les deux généraux en chef, liés par un plan uniforme, par conséquent gênés dans leurs mouvements, avaient non-seulement à combattre les ennemis nombreux qu'ils avaient en face, mais encore à déjouer les agents de Pichegru, qui instruisaient chaque jour les Autrichiens de nos positions et de nos ressources. La correspondance déjà citée prouve ce fait jusqu'à l'évidence.

N'y a-t-il pas de quoi frémir quand on pense que des Français, après avoir communiqué à l'ennemi les renseignements les plus circonstanciés sur le fort de Kehl, leur indiquaient encore, pour ainsi dire, du doigt et de l'œil les endroits que leurs bombes devaient embraser!..

Cependant Bonaparte, toujours sur le même théâtre, libre de ses mouvements, tandis que le Directoire retenait les autres généraux dans d'étroites lisières, poursuivait avec un rare bonheur ses exploits militaires, administratifs et politiques. Ses premiers succès avaient arrêté les Autrichiens sur les bords du Rhin en 1769. Le traité de *Tolentino*, fait avec lé souverain

---

[1] Victoires et conquêtes, tome VIII, page 63.

pontif et signé deux jours après la prise de la tête du pont d'Huningue, opéra le même résultat en 1797. A cette nouvelle les ennemis prirent leurs quartiers d'hiver sur la rive droite du fleuve.

Là aussi se terminèrent les relations coupables de Pichegru, avec l'étranger et les Français émigrés, du moins la correspondance saisie ne passe pas cette époque.

Tout autre que cet homme haineux et opiniâtre aurait enfin cédé à tant de traverses; hélas !

Rien d'un ambitieux ne rebute le cœur !

La dictature avait été son point de mire, elle était devenue, chez lui, une idée fixe; il ne renonça pas à la voir réalisée un jour. Le moment des élections annuelles approchait, il changea de batteries, il se mit sur les rangs, et le département du Jura, dans lequel il était né, le nomma représentant du peuple au conseil des Cinq Cents.

La république était en péril: tout annonçait une crise violente et décisive. Le système de bascule politique que le Directoire avait adopté et qui lui servait à frapper, tour-à-tour, les deux partis qu'il redoutait également, loin de maintenir l'équilibre dans son absurde gouvernement, n'avait produit d'autre effet que d'en détraquer les ressorts. Il n'y avait plus en France que des mécontents. Les cinq directeurs mêmes étaient divisés entre eux, et les royalistes, interprétant en leur faveur l'anxiété générale, ne prenaient plus la peine de cacher l'espoir qui les animait. C'est sous de tels auspices que s'ouvrit la fameuse session de l'an V (1797).

Dès les premières séances le Directoire dut s'apercevoir que la majorité dans les deux conseils lui était hostile et que sa chûte était imminente. Trois des cinq membres qui le composaient, Barras, Rewbell et La Reveillère Lépaux, se détachèrent alors entièrement de leurs collègues Carnot et Barthélemy.

Le triumvirat directorial connaissait les menées et les intentions des royalistes de l'intérieur. Plusieurs avaient été arrêtés peu de temps auparavant; on s'était emparé de leur correspondance; quelques-uns, même, avaient fait des révélations importantes. Il savait aussi ce qu'il avait à attendre de Pichegru, dont la conduite sur le Rhin lui avait été dénoncée par Bassal, alors commissaire du Directoire. Cette dénonciation était fondée sur des renseignements positifs que cet ex-conventionnel s'était procurés dans ses missions. Le danger pressait donc de toutes parts, et il ne restait aux Triumvirs d'autre moyen d'y échapper que de prendre l'initiative de l'attaque. Mais, pour cela, il fallait un point d'appui. Où le trouver ? Ce n'était pas dans la nation, fatiguée

des mesures oppressives et immorales qui pe-
saient sur elle; ils le cherchèrent dans les armées.

Il était évident que Pichegru se mettrait à la
tête de l'insurrection qui se préparait : ce motif
suffisait pour déterminer Hoche, le républicain
le plus franc des généraux, et le vainqueur de
l'Italie, Bonaparte, à répondre à l'appel que leur
firent les trois directeurs. D'ailleurs, l'un avait à
se plaindre et à se venger de la conduite que
Pichegru avait tenue à son égard, lorsqu'ils
avaient été chargés, concurremment, de débloquer
Landau et de chasser les Prussiens des lignes de
Weissembourg. L'autre venait de saisir à Venise
le porte-feuille du comte d'Antraigues, dans lequel se trouvait le récit de la conférence que
cet émigré avait eue, le 4 décembre 1796, avec
le comte de Montgaillard. Cette pièce, dont il a
déjà été fait mention, contenait tous les détails
des premières intelligences de Pichegru avec
les agents du Prince de Condé. On conçoit que
ces deux généraux étaient peu disposés à laisser
monter au pouvoir un homme qui leur inspirait
autant de mépris que de haine, et qu'ils ne vou-
laient pas se voir exposés à l'humiliation d'être,
un jour, obligés de fléchir le genou devant lui.

Dès ce moment, le Triumvirat n'eut plus à
douter du succès du projet qu'il avait conçu; il
prit aussitôt ses dispositions. Hoche, qui com-

mandait l'armée de Sambre-et-Meuse, reçut l'ordre de diriger vers les côtes de l'ouest un corps de dix mille hommes qui, sous ce prétexte, devait traverser la France; et Bonaparte envoya d'Italie le général Augereau, pour prendre le commandement de la division de Paris. Ainsi fut préparé le trop célèbre coup d'état du 18 fructidor an 5. Les détails de ce qui s'est passé dans cette journée où la vertu fut indignement confondue avec l'intrigue et partagea sa destinée, sont assez connus. Elle fut le terme du rôle pénible que Pichegru joua pendant les trois années qu'il parut sur le théâtre de notre révolution. Une carrière vaste et brillante s'était ouverte devant lui; il aurait pu la parcourir en grand homme; sa bravoure, ses rares talents lui auraient assuré ce beau titre : son ambition causa sa perte : depuis ce moment jusqu'à sa mort, il ne fut plus qu'un proscrit malheureux.

Dans tout le cours de sa vie militaire, Pichegru avait affiché la modestie et la gravité d'un Romain; son caractère, tout en-dedans, avait fait contracter aux traits de sa figure un air d'austérité qui n'a pas peu contribué à cacher les véritables dispositions de son ame, et à lui conserver l'immense confiance dont il a joui si long-temps.

Sa jalousie contre Hoche et Jourdan, la con-

trainte dans laquelle le tenait la présence con-
tinuelle des représentants, qui suivaient les armées, sont les causes probables qui lui ont fait
abandonner le parti de la république. La sphère
dans laquelle il se trouvait circonscrit semblait
trop étroite à son aspect altier.

Les méfiances, les contrariétés sans nombre
qu'il avait essuyées depuis, devaient-elles avoir
blessé moins profondément un amour-propre
aussi irritable que le sien?

Dans cette situation, si Pichegru était parvenu à se faire investir des hauts pouvoirs de
la dictature, peut-on penser qu'il eût préféré
l'exemple de Monk, de ce général dont le nom
est resté sans gloire, malgré l'action qui le rend
immortel, à celui de César?... L'homme dont
le cœur fier n'avait pu souffrir d'émules, que la
moindre concurrence offensait, qui comptait la
gloire pour rien, s'il fallait la partager, aurait-il
consenti à reconnaître un maître légitime, et
à se dépouiller de la pourpre dictatoriale en sa
faveur?

C'est peut-être une témérité de ma part d'élever une pareille question; mais enfin je la fais,
et je me soumets volontiers aux reproches auxquels je m'expose. Loin de moi l'intention de
remuer, sans nécessité, la cendre refroidie d'un
homme célèbre, que j'ai plaint pendant qu'il
vivait, et dont la mort m'a vivement affligé.

Je ne me dissimule pas que cette question est un problème; cela doit être pour une grande partie des contemporains de Pichegru : aussi, me demandera-t-on, qui peut le résoudre? et de quelle utilité serait sa solution affirmative ou non? Je dois et je vais répondre :

Qui le résoudra? Les historiens, en rapprochant et en comparant les matériaux, tant ceux qui existent déjà, que ceux qui leur seront fournis par les Français ou les étrangers qui ont vu Pichegru de plus près, qui, par leurs relations avec lui, ont pu, malgré sa réserve et sa concentration, recueillir ses paroles, étudier son caractère, en saisir les nuances et fixer leur jugement sur cet homme extraordinaire.

Entraîné par la plus indomptable des passions, il est impossible qu'il ait toujours été impénétrable. S'il avait, par exemple, tenu à un nommé Courant, l'un des agents les plus habiles du Prince Condé, ce propos que rapporte le comte de Montgaillard, et qui décèle l'irritation d'un homme qui n'est pas constamment maître de lui : « Je connais les princes et le peu de fonds qu'il faut faire en général sur leur parole. » Ces expressions, quoique échappées au dépit, prouveraient-elles que celui qui les a proférées, déjà coupable d'une infidélité, était, franchement et sans retour, dévoué à la nouvelle cause à laquelle il s'était attaché.

A quoi la solution de ce problème servirait-elle? à l'instruction des races futures, peuples et princes, parce que le nom de Pichegru franchira les siècles. Que serait l'histoire, si elle n'était l'étude approfondie du cœur de l'homme et des événements qui mettent en jeu ses intérêts et ses passions? Tacite ne nous fait-il pas connaître, d'un seul coup de son énergique pinceau, les hommes dont il nous retrace les actions? Espérons qu'au temps où nous sommes, elle ne sera plus un recueil d'anecdotes futiles, de portraits de fantaisie, de bulletins de batailles. Trop long-temps Clio n'a pu se servir, parmi nous, que de crayons timides ou complaisants, il faut qu'elle ressaisisse son burin.

Enfin, l'histoire aura encore à déterminer l'époque précise à laquelle ont commencé les liaisons de Pichegru avec les agents du Prince de Condé.

Si l'on en croit une lettre imprimée en tête de la correspondance saisie à Offembourg dans les équipages du général autrichien Klinglin, il paraîtrait que les premières entrevues qui ont eu lieu entre le comte de Montgaillard et lui datent du mois de messidor, an II (juin 1794), c'est-à-dire lorsqu'il faisait le siége d'Ypres. Cette opinion est confirmée par une lettre écrite au mois de vendémiaire an VI, par l'ambassadeur de la république, à Hambourg, au ministre des relations extérieures, Talleyrand. Si ce fait est vrai, il en résulterait que les conquêtes de la Belgique et de la Hollande n'auraient été que le résultat de l'impulsion irrésistible qu'imprimaient à ce général l'enthousiasme qui enflammait alors les troupes républicaines, et, surtout, l'énergie et les talents des généraux qui coopéraient à ces merveilles, et qui les auraient faites sans lui. Alors, chose inouïe dans les fastes du monde, Pichegru aurait été conquérant contre son gré!

J'avoue, avec franchise, que toutes les questions que je viens de proposer sont depuis long-temps décidées dans mon esprit. Mais, mon opinion eût été chancelante, que la lettre insérée dans le *Drapeau Blanc* du 18 de ce mois l'aurait affermie. Le magistrat qui l'a écrite, qui se dit l'ami de Pichegru, et qu'on ne nomme pas, ose aussi invoquer l'histoire. Elle dira : Ce sont ses termes, que la vie entière de Pichegru fut pure, et qu'il n'eut de la révolution que l'habit de général...... Apologiste maladroit, la vie de votre héros fut toujours pure, et vous avouez que tout le temps qu'il fut sur la scène il n'y parut que déguisé! Ah! s'il est trop vrai, maintenant, qu'il n'eut jamais de la révolution que l'habit de général, il est au moins permis de croire qu'il n'eut du royalisme que le masque.

N'avait-il de la révolution que l'habit de général, que Saint-Just et Le Bas lui avaient mis sur le corps:

Quand Milhaud et Collot d'Herbois faisaient son éloge aux Jacobins;

Quand Robespierre y lisait des lettres que lui, Pichegru, avait saisies et envoyées au comité de salut public, indiquant des intrigues contre les patriotes;

Quand il faisait sa profession de foi sur ce comité qui, disait-il, appartient au peuple, comme il est du peuple, et ne veut servir que le peuple;

Quand il écrivait à la société des Jacobins qu'il jurait d'exterminer les tyrans, et que son dernier mot serait toujours : Vive la république! vive la montagne!

N'avait-il, enfin, de la révolution que l'habit de général?

Quand il envoyait, en retour du drapeau adressé à son armée par la Convention, un drapeau saisi sur les ennemis; quand il annonçait que trois cents émigrés avaient été taillés en pièces, et qu'il allait faire subir la peine qui leur était réservée, la mort, à soixante-neuf d'entre eux, qui étaient ses prisonniers!...... Ainsi donc, amis indiscrets et imprudents, vous allez dresser une statue à un homme dont le premier mérite, à vos yeux, fut la dissimulation et l'hypocrisie. Que dis-je? vous l'exhumez, pour le traduire, en personne, au tribunal de la postérité. Revêtu de cet habit et de cette écharpe qui ne lui servirent que d'enveloppe, car le manteau dont vous avez affublé son image les laisse voir ; ainsi donc vous allez le livrer à l'incorruptible jury des temps passés, couvert de son acte d'accusation. Vous lui mettez à la main la palme du martyre, et cette palme n'attestera qu'un odieux mensonge. Ah ! s'il faut honorer la fidélité, la cause de la monarchie ne vous en offre-t-elle pas assez de modèles dans ces preux qui, tout en combattant contre leurs frères, ont prouvé, par leur noble dévouement, qu'ils portaient un cœur français.

Depuis le 18 fructidor, an V (4 septembre 1797), jusqu'au mois de février 1804, on n'entendit plus, en France, parler de Pichegru. On sut seulement qu'après s'être échappé de Synamary, où il avait été déporté, il s'était réfugié en Angleterre, et qu'il justifiait, par sa conduite présente, les faits publiés contre lui à son départ, d'après une dépêche tardive, adressée par Moreau au directeur Barthelemy. Tout le monde fut convaincu que ce dernier connaissait, sinon les détails, du moins l'événement du 18, lorsqu'il écrivit cette délation, et elle n'en parut que plus lâche. Quand elle arriva, son ancien ami et Barthelemy lui-même étaient déjà partis dans les espèces de cages de fer qui portaient les malheureux proscrits à Rochefort, lieu désigné pour leur embarquement [1].

Cependant la révolution qui avait été si funeste à Pichegru et aux hommes respectables qu'il avait entraînés dans sa chute, n'avait été propice à personne. Le Directoire exécutif, renouvelé en partie, reprit bientôt ses anciennes habitudes. La constitution de l'an III avait reçu une trop forte secousse pour ne pas succomber sous les efforts des partis. Néanmoins, sa fragile existence se prolongea encore pendant trois années, malgré l'impéritie des hommes placés au timon des affaires. Il semble qu'il était réservé à celui qui avait contribué le plus à sa violation de lui porter le dernier coup.

Dans cet intervalle, Bonaparte était parti à la tête des troupes destinées à l'expédition d'Égypte. Ses amis s'étaient chargés de l'informer de ce qui se passerait pendant son absence. Instruit, par les feuilles publiques, de l'état déplorable dans lequel la mauvaise administration du Directoire plongeait la France, et, par son frère Joseph, des vœux qu'on faisait pour son retour, ces nouvelles auraient, peut-être, suffi pour le déterminer à quitter son armée, lorsqu'une dépêche du Di-

[1] Journal de l'adjudant-général Ramel, 3e édition imprimée à Londres en 1799.

rectoire lui arriva, tout à propos, pour mettre d'accord son ambition et son devoir. La dernière phrase de cette lettre était ainsi conçue : « Le Directoire vous verrait avec plaisir ramené à la tête des armées républicaines, que vous avez, jusqu'à présent, si glorieusement commandées. » Il n'hésita plus et partit. Son arrivée fut un véritable triomphe ; il fut accueilli par les acclamations du peuple, et ne tarda pas à s'apercevoir que la majorité des membres du conseil des anciens lui était dévouée. Plus impétueux que Pichegru, il sut profiter de la disposition des esprits, et la révolution du 18 brumaire, an VIII, fut presqu'aussitôt exécutée que conçue. Celle du 18 fructidor, an V, lui avait servi de moule ; mais les résultats en furent bien différents. La première n'avait point trouvé d'approbateurs, la seconde réunit presque toutes les opinions, tant était grand le dégoût que le gouvernement directorial inspirait !

Un nouveau fantôme de constitution remplaça l'ancien, trois consuls succédèrent aux cinq directeurs, et Bonaparte se mit lui-même à leur tête, avec le titre de premier consul.

L'administration prit sur-le-champ une attitude plus ferme, sa marche devint régulière, l'ordre se rétablit dans les finances, on vit disparaître le gaspillage affreux que le Directoire y

avait introduit. Les armées furent réorganisées,
la victoire revint, pour long-temps, se ranger
sous nos étendards, et si la France ne fut pas entièrement heureuse, du moins faut-il convenir
qu'en peu de temps des plaies profondes furent
cicatrisées, que les tempêtes civiles apaisées
firent place au calme, et qu'à la faveur de cette
sécurité inespérée, on vit bientôt renaître l'agri-
culture, le commerce et les arts.

Dès la première campagne que Bonaparte en-
treprit, et qui ne dura que trente jours, l'Italie,
dont les Français avaient été forcés de se retirer,
fut presque entièrement reconquise par lui, en
personne. Moreau repoussa les Autrichiens jusqu'aux portes de Vienne, et les contraignit à demander la paix.

L'orgueilleuse Albion elle-même se détermina
à reconnaître la république et le chef de son
gouvernement, et à signer le fameux traité d'A-
miens. Toutefois, l'existence de ce pacte perfide
ne fut pas longue; conclu le 27 mars 1802 dans
l'unique intention de gagner le temps qui lui
était nécessaire pour organiser une nouvelle coa-
lition, le cabinet de Saint-James le rompit le 17
mai de l'année suivante, et recommença les hos-
tilités sans déclaration préalable.

C'était trop peu pour la politique anglaise
d'avoir rallumé sur le continent les feux de l

guerre. L'état florissant de la France irritait sa jalousie et contrariait ses projets ambitieux : il fallait pour la vaincre et l'humilier la frapper au cœur. C'est à cette époque que fut formé, à Londres, le projet d'assassiner le premier consul, je dis assassiner, parce qu'il serait absurde de penser qu'une attaque de vive force pût avoir un autre résultat ; celui, par exemple, de s'emparer de Bonaparte, au milieu de la plus brave des gardes, et de l'emmener vivant en Angleterre, ainsi qu'on l'a prétendu.

Le moment était favorable. Le premier consul semblait avoir oublié l'explosion de la machine infernale dirigée contre lui le 3 nivôse an II ; et soit à cause de la grande confiance dont il recevait de toutes parts le témoignage, ou pour simplifier les rouages de son gouvernement, il avait supprimé depuis quelque temps le ministère de la police générale pour en réunir les attributions au ministère du grand juge.

L'Angleterre profita habilement de cette insouciance : elle inonda les départements d'émissaires chargés de réveiller les haines, de ressusciter les discordes ; elle voulait assurer l'exécution de son principal dessein. Ces honteux moyens lui étaient familiers, ils lui avaient réussi tant de fois ! En effet, ses vœux auraient peut-être été remplis, si un de ses agents arrêté, traduit devant une commission militaire et condamné à mort, n'eût fait, pour racheter sa vie, les révélations les plus précises. Ce fut par ce misérable, nommé Querel, que l'on connut tous les préparatifs de la conspiration et son but; il avoua qu'il était lui-même un des complices, qu'il avait fait partie de la première bande que les Anglais avaient débarquée au mois d'août précédent, et que Pichegru, Georges, et d'autres chefs de chouans, étaient en ce moment à Paris ponr remplir cette horrible mission.

Le gouvernement sentit enfin à quel danger la vie du chef de l'état était exposée, et les mesures les plus promptes furent prises pour déjouer nne trame aussi noire. D'abord, la police, qui s'était en quelque sorte engourdie dans les mains débiles du grand juge Regnier, passa dans celles du conseiller-d'état Réal, qu'on ne crut pas encore assez ferme, et qui l'exerça sous l'influence bouillante de Murat. Alors la capitale passa subitement du calme le plus profond à l'anxiété la plus vive. Bientôt on vit afficher sur tous les murs une liste des conjurés; ils étaient désignés sous la dénomination de brigands, et le général Moreau y était compris. A ce nom, que tant d'exploits avaient illustré, tous les esprits furent saisis et consternés. La surprise fut telle qu'elle alla jusqu'à l'incrédulité.

Devait-on regarder comme possible une association criminelle entre Moreau, Pichegru et Georges? Tous trois avaient, il est vrai, une grande renommée, mais ils l'avaient obtenue à des titres bien différens. L'opinion qu'on s'était faite de leur caractère personnel repoussait l'idée qu'aucun d'eux eût pu consentir à être jamais le subordonné de l'autre. Il était aussi peu probable qu'ils se fussent engagés dans la même conjuration, avec assez de désintéressement pour consentir à marcher de front au même but. Le succès d'une tentative contre les jours du premier consul demandait plus que du courage, il fallait de l'audace; elle ne pouvait être que le résultat d'une embûche, d'un guet-à-pents. L'intrépidité de George convenait à un coup de main de cette espèce, il l'avait prouvé dans la guerre civile de la Vendée; on pouvait encore, malheureusement, en croire Pichegru capable, lui qui, dit-on, s'était, quelques jours avant le 18 fructidor, offert au comité des inspecteurs de la salle du conseil des Cinq Cents, pour aller, avec Willot et quelques soldats, frapper les triumvirs dans leur palais. Mais quel rôle Moreau avait-il à jouer? Pichegru et lui n'étaient-ils pas des ennemis irréconciliables? Ce dernier n'avait-il pas dit au directoire, dans une lettre qu'il lui adressa le 22 fructidor, quelques jours après avoir dénoncé son ancien chef : « On me croyait son ami, et depuis long-temps je ne l'estime plus. » Et plus tard : « Nous avons été amis pendant que nous avons défendu la même cause, et nous avons cessé de l'être quand j'ai eu la preuve qu'il était l'ennemi de la république française. » Telles étaient les questions que chacun se faisait.

Cependant Paris avait pris l'aspect d'une ville en état de siége : Les barrières étaient fermées, les voitures, les bateaux qui entraient ou qui sortaient étaient fouillés et sondés avec une rigueur extrême. Une loi adoptée par le corps législatif, après un discours énergique de M. Siméon, alors tribun, portait des peines sévères contre les particuliers qui recéleraient Georges et ses soixante complices ; les maisons publiques étaient surveillées intérieurement nuit et jour : on allait trouver les étrangers dans leurs lits pour les confronter avec leurs passe-ports. Les arrestations se succédaient avec rapidité. À chaque instant on conduisait à la police les habitants, les voyageurs dont les signalements offraient quelqu'analogie avec ceux des proscrits. Dans ce bouleversement, plusieurs personnes payèrent de quelques heures de tourments leur préten-due ressemblance avec Georges qui était d'une corpulence énorme. Les jours les plus hideux de la révolution n'avaient pas offert de spectacle plus alarmant.

La crise heureusement ne fut pas de longue durée : les précautions extraordinaires, les recherches minutieuses, les mesures oppressives, cessèrent aussitôt que les hommes portés sur la liste fatale furent mis sous la main de la justice. Le tableau de la capitale, dans cette triste conjoncture, n'échappera pas à l'histoire. Pendant que ses habitants étaient exposés aux tracasseries, aux explorations des innombrables agens d'une police inquiète et turbulente, au milieu de l'effroi général, les grands fonctionnaires de l'état, les autorités allaient en corps offrir au premier consul leurs hommages et l'expression du plus entier dévouement. De tous les points, les états-majors des armées s'empressaient d'obéir à l'élan général. Les vastes colonnes du Moniteur ne suffisaient pas pour recueillir les adresses de félicitations ; la servilité épuisa les formules de l'éloge et l'encens de la flatterie.

Cette ivresse fut le prélude de l'érection, dès long-temps projetée, du trône impérial.

Alors commença ce grand procès qui fixa l'attention de l'Europe, dont l'instruction et les débats durèrent quatre mois, dans lequel quarante-sept personnes furent impliquées, cent cinquante témoins entendus, et dont la fin ne

fut tragique que pour Georges et onze de ses
partisans, car la mort de Pichegru ne fut qu'un
incident de ce terrible drame.

J'ai suivi avec exactitude et avec attention
l'instruction de cette affaire; j'ai assisté à la plupart des interrogatoires des accusés, et j'affirme
que jamais procédure criminelle n'a été suivie
avec autant d'appareil et de publicité. Peut-être
y avait-il, dans cet appareil même, beaucoup
d'ostentation. On sait trop qu'il faut que la politique ait besoin de la franchise pour qu'elle
consente à l'appeler à son aide.

Je ne connaissais personnellement aucun de
ceux qui figuraient dans ce procès; mon opinion
sur Bonaparte était celle que partageaient tous
les amis d'une sage liberté, je redoutais son ambition. J'étais donc dégagé de préjugés. Je n'étais
excité que par l'intérêt puissant que cet événement avait fait naître.

L'arrestation de Moreau ne fut accompagnée
d'aucune particularité remarquable. Elle eut lieu
sans bruit et sans scandale, sur la grande route
de Gros-Bois à Paris, où il revenait.

Celle de Georges fut ensanglantée : il tua d'un
coup de pistolet l'inspecteur de police qui mit
le premier la main sur la bride du cheval de son
cabriolet : il sortit aussitôt avec une prestesse
extrême de sa voiture, malgré son apparente

obésité et, d'un second coup il atteignit un autre agent qui fut grièvement blessé.

Quant à Pichegru, il était dans sa destinée d'être traître et trahi. Il l'avait été par Moreau, il devait l'être incessamment par le comte de Montgaillard ; il le fut dans cette conjoncture par un Suisse nommé le Blanc, qu'il avait connu dans le temps de ses intrigues en Alsace. Ce lâche, après l'avoir attiré chez lui, rue Chabanais, pour lui donner asyle , le vendit à la police et le livra à l'escorte chargée de s'en emparer. Il la conduisit lui-même jusqu'à la porte de l'appartement du général ; celui-ci, pour ne pas être surpris, en avait barricadé la porte avec son lit et s'était endormi avec d'autant plus de sécurité, qu'il croyait reposer dans le sein de l'amitié. A la moindre résistance le faible obstacle fut bientôt repoussé, et les gendarmes se précipitèrent sur Pichegru au moment où, réveillé en sursaut, il s'élançait sur ses armes. Il n'eut pas le temps de s'en saisir, néanmoins, il essaya encore de se défendre et les soldats vigoureux qui le tenaient crurent ne pouvoir le réduire qu'en lui pressant, avec force, les parties génitales et en l'enveloppant dans ses couvertures. Il fut conduit, dans cet état, devant le grand juge Régnier, et, delà, à la tour du Temple.

Depuis ce moment , Pichegru montra une fermeté inébranlable. Il ne répondit aux intérrogatoires et aux confrontations qu'il eut à subir, que par des monosyllabes insignifiants. Son maintien était imposant, sa figure calme, il semblait déjà s'être détaché de la vie.... Il avait donné des preuves éclatantes de bravoure dans les combats, son évasion de Synamary avait été miraculeuse, il prouva dans sa dernière captivité qu'il était doué, au plus haut dégré, du courage civil, de cette force d'ame surnaturelle qui met l'homme au-dessus des plus grandes infortunes. Il était impossible de le voir sans être saisi, tout à la fois d'admiration et de pitié et sans se rappeler cette sublime image d'Horace :

> Si fractus illabatur orbis,
> Impavidum ferient ruinæ.

Son grand caractère offrait un contraste singulier avec celui des autres principaux accusés. Georges même, non moins courageux que lui peut - être, éprouva, après son arrestation, un affaissement extraordinaire. Il avait répondu à toutes les questions qu'on lui avait adressées; il avait signé tous ses interrogatoires; ce ne fut que lorsqu'on le confronta avec Pichegru qu'il reprit entièrement ce calme, cette résignation qui ne l'abandonnèrent plus; et qu'à l'exemple du général il refusa sa signature.

Moreau avait été atterré du premier coup : il ne sut porter ses fers, ni avec dignité, ni avec courage. Livré à lui-même, il s'empressa d'écrire une lettre suppliante à Bonaparte. Son cœur ne lui dit pas que celui qui se jette ainsi aux pieds de son ennemi vainqueur ajoute un laurier à son triomphe, que cette humiliation volontaire le dégrade et l'avilit, qu'elle désenchante et refroidit ses amis les plus zélés; c'est ce qui arriva.

Il avait conduit pendant dix ans les armées de la république dans le chemin de la gloire; les neuf dixièmes des soldats qui étaient alors sous les drapaux avaient servi sous ses ordres; son nom était vénéré; il avait su vaincre sans prodiguer le sang ; cependant personne n'osa élever la voix en sa faveur; il fut plaint, sans doute, mais il ne fut pas secouru.

Cette lettre d'ailleurs ne pouvait que le compromettre : loin d'avouer franchement les entrevues qu'il avait eues avec Pichegru, il les déguisait, et déjà la preuve en était acquise. Elle était de plus une maladresse: en y allégant son peu d'ambition, pour persuader qu'il n'avait jamais eu envie de prendre part au gouvernement de la France, n'était-ce pas dire au futur empereur qu'il était lui-même un ambitieux; c'était une vérité dont tout le monde était pénétré, mais Moreau n'avait pas senti la conséquence de ce qu'il disait, sa faute n'en était que plus lourde, elle était irrémissible.

Au reste, dans cette circonstance, il fut constamment faible et irrésolu. Ce général, dont les grands talents militaires faisaient l'admiration de l'Europe, le vainqueur des autrichiens, dans tant de batailles, n'était plus qu'un homme nul et décoloré. Il ne commença à renaître que lorsqu'il put communiquer librement avec les avocats célèbres, qu'il chargea de sa défense. Et, si, dans les débats, il laissa échapper quelques lueurs d'énergie, il faut en attribuer la cause à l'intérêt que des amis courageux lui témoignèrent, publiquement, par des gestes expressifs. De ce nombre fut le digne général Lecourbe ; son attachement pour son ancien compagnon de gloire, fut honoré d'une longue disgrace.

Cependant l'instruction du procès touchait à sa fin lorsque, le 16 germinal, un événement imprévu vint la troubler et la suspendre pour quelques instans.

J'étais allé au Temple, dès neuf heures du matin, pour assister à la séance qui devait avoir lieu ce jour là. Déjà la salle était remplie. Cette pièce très-vaste, était éclairée sur les deux cours, de manière que l'on voyait ce qui se passait à l'extérieur. J'avais été frappé, en entrant, du silence morne qui régnait. Tout était dans la plus grande agitation au-dehors. A la tristesse peinte sur la physionomie des personnes qui sortaient de la Tour, on pouvait juger qu'il y était arrivé quelqu'accident sinistre ; mais rien ne transpirait, on se regardait et on n'osait s'interroger. Cette inquiétude durait depuis plus de deux heures, lorsqu'un des huissiers vint annoncer la mort de Pichegru et invita nominativement dix des citoyens présents à ne pas s'éloigner. Le général s'était suicidé pendant la nuit. Ceux dont l'intervention venait d'être requise devaient, par leur témoignage, établir l'identité de personne. J'étais malheureusement de ce nombre. Je ne puis exprimer l'impression douloureuse que ce choix me fit éprouver. Je la ressens encore aujourd'hui, elle ne s'effacera jamais de mon cœur ni de ma mémoire. J'avoue que, dans cet instant, mon premier mouvement fut de croire que Pichegru avait été immolé, pourtant je me rassurai bien vite en pensant que si l'on avait eu besoin de témoins complaisants, ce n'était pas sur moi qu'on aurait jeté les yeux. Enfin on vint nous chercher et nous fûmes introduits dans sa chambre.

Il était sur son lit, dans la même position où il avait été trouvé. Le médecin et les chirurgiens que le tribunal avait appelés auparavant, pour le visiter, avaient seulement détaché de son cou la cravate de soie noire et le garrot dont il s'était servi pour s'étrangler. Il était parfaitement reconnaissable, malgré la tuméfaction de la figure. Son corps et ses membres étaient sains, ils ne portaient aucune trace de violences, on s'assura même que la légère écorchure qui existait sur la pommette de la joue gauche, provenait d'un petit nœud inhérent au garrot. Je dois ajouter que l'on apercevait encore l'empreinte de la cruelle et humiliante pression qu'on lui avait fait subir en l'arrêtant. Voilà ce que j'ai vu, voilà ce que j'atteste.

La plupart de ces détails sont consignés dans la procédure. Je ne les rapporte que pour les confirmer de nouveau. Mais ce suicide a été précédé d'une circonstance particulière qui n'a pas été publiée et qui est trop essentielle pour la laisser plus long-temps dans l'oubli. Je crois, en la faisant connaître, remplir un devoir de conscience et d'honneur.

On se souvient qu'à cette époque le conseiller d'état Réal dirigeait ce qu'on nomme encore aujourd'hui la haute police ; la tour du Temple, qui renfermait la plupart des accusés, était donc sous sa surveillance immédiate. Un jour qu'il vint visiter les prisonniers, il eut, particulièrement avec Pichegru, un assez long entretien. Ce général lui représenta combien il souffrait d'avoir, sans interruption, deux gendarmes à ses côtés. Que craignez-vous ? lui dit-il ; que je m'évade ? la garde formidable qui remplit et environne cette tour doit vous rassurer à cet égard ; que je me tue ? je n'en ai pas les moyens, et je vous donne ma parole que je n'en ai pas l'envie. Permettez qu'on me donne des livres, la lecture m'aidera à supporter les ennuis de ma captivité. Cette franchise apparente toucha et trompa Réal; il délivra, sur le champ, Pichegru de la présence importune de ses gardes. C'est peu de jours après qu'il se suicida.... On trouva sur sa cheminée le premier volume des Pensées de Sénèque, traduites par La Beaumelle [1]; il s'était arrêté à ce sublime tableau de la mort de Caton :

Non video, inquam, quid habeat in terris Jupiter pulchrius, quam ut spectet Catonem, jam partibus non semel fractis stantem, nihilominus inter ruinas publicas rectum. «Licet, inquit, « omnia in unius ditionem concesserint, custo- « diantur legionibus terræ, classibus maria, Cæ- « sarianus portas miles obsideat, Cato, qua exeat, « habet. Una manu latam libertati viam faciet. « Ferrum istud, etiam civili Bello purum et in- « noxium, bonas tandem ac nobiles edet operas. « Libertatem, quam patriæ non potuit, Catoni « dabit. Aggredere, anime, diù meditatum opus. « Eripe te rebus humanis. Alter alterius manu « cœdi, ut juba et petreïus, fortis et egregia fati « conventio; sed quæ non deceat magnitudinem « nostram. Tam turpe est Catoni mortem ab ullo « petere, quam vitam.»

Non, je ne crois pas que Jupiter ait jamais rien vu de plus beau que Caton invincible, reste d'un parti deux fois vaincu, inébranlable au

____

[1] Deux volumes in-12, édition de 1752, Ier volume, page 66.

milieu des ruines de sa patrie. « Que tout l'uni-
« vers, dit-il, se range sous les drapeaux de César,
« que ses légions et ses vaisseaux occupent la
« terre et la mer, qu'il m'assiége avec toutes ses
« forces ; Caton saura lui échapper, et s'ouvrir
« une route sûre à la liberté. Avec ce fer, qui n'a
« point été souillé dans les horreurs de la guerre
« civile, je trouverai le moyen de faire des ex-
« ploits glorieux. Cette épée n'a pu sauver Rome,
« elle sauvera Caton ; Allons, mon ame, com-
« mence l'entreprise que tu médites depuis si
« long-temps. Dérobe-toi à l'inconstance des
« choses humaines. Juba et Petréïus ont pu être
« courageux en se donnant mutuellement la
« mort, mais Caton se dégraderait en les imitant :
« il serait également honteux pour lui de devoir
« à quelqu'un la vie ou le trépas. »

J'ai vu, j'ai tenu le livre : il était ouvert et
renversé sur la tablette de la cheminée de la
chambre de Pichegru. J'y étais resté après la re-
connaissance de l'identité, pendant que l'on
transférait sa mortelle dépouille au palais de justice. C'est dans la prison qu'il avait habitée que
j'ai recueilli ce que je viens de relater.

Pourquoi l'a-t-on tenu secret? c'est, m'a-t-on
dit alors, parce qu'on ne voulait pas, en faisant
connaître une si noble résolution, réveiller l'intérêt que la France avait porté si long-temps à
ce général. J'ai pensé, qu'en outre, Réal avait

craint, en la divulgant, de s'exposer aux re-proches que Bonaparte aurait pu lui faire sur la condescendance inconsidérée qu'il avait eue pour Pichegru. Ce qu'il y a de certain, c'est que quand ce directeur de la police apprit la mort de son prisonnier, il en fut étourdi. Il ne savait comment s'y prendre pour en instruire son maître, et que c'est pour cette raison que cette nouvelle n'a été rendue publique que vers le milieu de la journée.

De combien de bruits, plus ou moins absurdes, l'opinion publique n'a-t-elle pas été tourmentée à cette époque. Tous avaient le même but, de charger, comme on persiste à le faire, Bona-parte d'un nouveau crime, qu'il n'a pas commis et que rien ne l'engageait à commettre.

Parmi les fables qu'on se plut à répandre, la plus extravagante, celle aussi qui eut plus de vogue est celle des quatre mamelouks, introduits pendant la nuit dans la tour du temple pour étrangler Pichegru, fusillés ensuite eux-mêmes, afin d'ensevelir à jamais cet horrible secret.

Cette rêverie orientale fit une telle fortune qu'on trouve encore aujourd'hui des gens qui la répètent sérieusement. Ces esprits étroits ne conçoivent pas que pour exécuter de la sorte le lâche forfait qu'ils supposent, il aurait fallu, outre les quatre bourreaux chargés de l'exécuter, en rendre témoins, et par le fait complices, les deux cents hommes qui , jour et nuit, gardaient les prisonniers [1], le concierge et les guichetiers, le juge instructeur, les greffiers et les huissiers qui étaient installés au Temple, les médecins qui ont visité le cadavre de Pichegru et les témoins qui l'ont reconnu.... Quelle boucherie il aurait fallu faire pour étouffer la révélation d'un assassinat inutile !...

Quelle était donc la nécessité de se débarrasser ainsi de la présence de cet homme ? il était le plus malheureux et le plus à plaindre des accusés ; il n'avait pas un seul partisan en France, il était écrasé sous l'énorme poids de l'accusation qui pesait sur sa tête, la vue de Georges l'humiliait, il rougissait d'être confondu avec lui ; et, de plus que lui, il avait à répondre de ses anciennes trahisons, dont les preuves allaient être déroulées, dans les débats publics prêts à s'ouvrir. Ces longs débats allaient commencer pour lui le plus ignominieux des supplices !... Que devait-il faire dans une telle perplexité ? il n'avait qu'à choisir entre la mort volontaire et l'échafaud. Pour une ame aussi fortement trempée que la sienne, le parti qui restait à prendre ne pouvait être incertain ; il préféra celui qui lui offrait encore de la gloire ; il n'avait pas adopté Caton pour modèle pendant sa vie, il voulut du moins l'imiter en mourant.

[1] Le corps-de-garde était l'anti-chambre de Pichegru.

On a prétendu encore qu'il avait été sacrifié, parce qu'on craignait qu'il parlât devant les juges. Eh! qu'aurait-il pu dire[1]? N'aurait-il pas été obligé de se renfermer dans les bornes que la loi a prescrites aux accusés dans leur défense, et s'il s'en était écarté, le devoir du président n'était-il pas de l'interrompre ou de lui retirer la parole? On n'a pas besoin de faire tuer un homme pour lui imposer silence.

Enfin un grand nombre de personnes ont pensé que Pichegru avait été immolé; et elles ont cru en trouver la preuve dans le moyen même dont il s'est servi pour terminer ses jours.

[1] Des personnes qui se disent bien informées, car il y a des gens qui savent tout, assurent qu'il devait écraser Bonaparte par une révélation de la plus haute importance: suivant cette chronique Bonaparte, avant de quitter l'Égypte, craignant d'être pris par la croisière qui ne quittait pas ces parages, aurait prévenu l'amiral anglais de la résolution qu'il avait formée de retourner en France et il serait résulté de cette confidence un traité par lequel le général s'engageait, sur son honneur, à remettre à la famille des Bourbons le pouvoir suprême aussitôt qu'il s'en serait emparé, car c'était là le but déclaré de son retour. Ce fut à cette condition expresse et après cet engagement sacré que la route lui fut ouverte et qu'il arriva, sans obstacle, jusqu'au port de Fréjus.

Pichegru qui, comme on l'a vu, avait toujours observé la foi jurée, se serait chargé de reprocher à Bonaparte sa déloyauté! voilà le mystère qu'il devait dévoiler, voilà le coup qu'il réservait à son ennemi et que celui-ci ne crut pouvoir parer qu'en le faisant étrangler.!

Il serait vraiment malheureux qu'un aussi grand secret fût resté dans l'oubli: on me pardonnera, sans doute, de l'avoir divulgué.

Un individu peut se pendre, ont-elles dit, mais il ne peut pas s'étrangler. Cette opinion a trouvé beaucoup de partisans, elle n'était au fond qu'une question à examiner. Un médecin célèbre s'en est emparé. Voici comment le docteur Fodéré la pose et la résout dans le Dictionnaire des Sciences Médicales, à l'article strangulation. (tome 53, page 43.)

« Un individu trouvé mort avec un lien,
« une cravate serrée autour de son cou, a-t-il
« pu *s'achever* lui-même? s'il est difficile, ou
« comme impossible, qu'un homme seul puisse
« en pendre un autre contre sa volonté, il lui
« est très-aisé, au contraire, de l'étrangler, quel-
« que fort qu'il soit, en le prenant au dépourvu
« par surprise ou durant son sommeil. La per-
« sonne au cou de laquelle on a jeté un nœud
« coulant, qu'on saisit à la gorge avec violence,
« dont on comprime les parties molles du cou
« contre un point d'appui, comme dans l'exé-
« cution du garrot usitée en Espagne et autrefois
« au tribunal des dix à Venise, perd le senti-
« ment et la force à mesure que l'on serre. Cette
« dernière considération sert naturellement à
« résoudre la question de savoir si un homme,
« quelque résolu qu'il soit, peut *achever* de s'é-
« trangler et à y répondre par la négative; on
« conçoit aisément, en effet, que les mains
« cessent de serrer avec force au moment où la

« compression commence à s'exercer parce que
« ce moment est celui aussi où l'on commence
« à perdre le sentiment.

« Néanmoins, il n'est aucun doute qu'on
« ne puisse enfin mourir par une tentative de
« cette espèce; et ce sera lorsqu'ayant serré aussi
« fortement que possible le billot passé dans le
« lien, on l'aura disposé de manière à ne pas
« pouvoir se relâcher. Ce ne sera pas alors par
« un étranglement instantané que l'on périra,
« mais en gênant assez le retour du sang au cer-
« veau, pour produire une affection comateuse,
« profonde et soutenue, à laquelle, si l'on n'est
« pas secouru, on succombera immanquablement
« dans l'espace de quelques heures. Dans ce cas,
« la tête et le visage seront enflés et livides, les
« lèvres et la langue tuméfiés, et la bouche ren-
« fermera une salive sanguinolente, comme dans
« quelques espèces d'apoplexies; mais, dans cette
« supposition même, le lien n'aura pas laissé des
« traces bien profondes; car la force a manqué
« au suicide, pour exercer la même constriction
« qui aurait été opérée par des mains étrangères.
« D'ailleurs, il est de règle, pour éclairer com-
« plètement des événements de cette nature,
« d'appeler aussi à la discussion le concours de
« toutes les circonstances morales. »

On ne peut nier que le suicide de Pichegru
ait été le motif des réflexions qu'on vient de lire.

L'auteur a senti d'abord que la question de savoir si un homme peut s'étrangler lui-même était complexe, et il l'a divisée pour mieux se faire comprendre.

Il est impossible, suivant lui, qu'un homme, à l'aide d'un lien quelconque, auquel il aura adapté un billot, *achève* de s'étrangler, parce que la force doit nécessairement lui manquer avant que la strangulation soit complète. Mais il n'hésite pas à convenir qu'une tentative de cette nature cause la mort immanquablement dans l'espace de quelques heures, si l'on n'est pas secouru. Or, les raisons qu'il en donne confirment absolument les observations recueillies par les hommes de l'art, qui ont procédé à la visite du cadavre de Pichegru. « Le bâton, qui avait servi « de tourniquet, était retenu, par un de ses « bouts, sur la joue gauche. La face était ecchi- « mosée, les mâchoires serrées et la langue prise « entre les dents. L'impression circulaire au cou « était large d'environ deux pouces, et plus mar- « quée à la partie latérale gauche.[1] »

Le docteur Fodéré finit par recommander d'appeler, dans ce cas, à la discussion le concours des circonstances morales, et, à cet égard, la situation désespérée dans laquelle se trouvait Pichegru, explique suffisamment la résolution qu'il a prise.

[1] Procès-verbal du 16 germinal an 12.

Je n'ai pas l'honneur d'être médecin, cependant je me permettrai d'ajouter quelques réflexions à celles de l'honorable docteur. Il me semble qu'il a oublié, ou qu'il a négligé, plusieurs circonstances physiques, propres à sanctionner sa décision. Je crois, par exemple, qu'un individu, qui veut s'étrangler, parviendra plus sûrement à consommer son projet, s'il a rempli auparavant son estomac d'aliments. Il paraît que Pichegru avait fait aussi ce cruel calcul. Il avait soupé; il avait même bu de l'eau-de-vie après son repas. Il n'est personne qui ne sache, par expérience que, dans le moment où la digestion s'opère, il se manifeste dans tout le système gastrique un surcroît d'activité. Le pouls s'élève, la respiration est plus agitée. Dans cet état, la suffocation doit être nécessairement plus prompte.

Ne peut-il pas en être de même sur un sujet replet, et tel était Pichegru? En effet, chez les personnes dont le cou est gras et court, la respiration étant naturellement peu libre, la moindre pression continue à la gorge, doit, du moins il me semble, produire une strangulation d'autant plus rapide, que cette conformation est une des causes prédisposantes à l'apoplexie. Il n'est certainement pas un médecin qui osât conseiller, dans quelque circonstance que ce soit, à un homme, d'un tempérament pléthorique, de conserver sa cravate pendant son sommeil, sans la desserrer.

Au surplus, l'événement dont il s'agit n'est peut-être pas le seul exemple d'une strangulation exécutée sans suspension et sans l'intervention d'une force étrangère. Je vais en rapporter un bien plus extraordinaire, puis qu'il aurait eu lieu sans l'emploi d'un garrot et par un mouvement unique et spontané de la victime. Je me souviens de l'avoir entendu raconter, le jour de la mort de Pichegru, par un des chirurgiens qui se trouvaient dans sa chambre; je crois que c'était M. Soupé :

A l'époque où le vol domestique était puni du dernier supplice, une servante avait été arrêtée pour avoir dérobé à ses maîtres quelques objets de mince valeur. Cette fille, dont le cœur n'était probablement pas encore dépravé entièrement, fut frappée d'un désespoir si grand que'en entrant dans la prison du Châtelet, où on la conduisit, elle passa son fichu autour de son cou, et s'étrangla par le seul effort qu'elle fit, en étendant ses bras. Elle tomba morte : les secours les plus prompts lui furent prodigués; rien ne put la rappeler à la vie.

Il est temps que j'abandonne cette fatigante discussion. L'amour de la vérité a pu seul vaincre ma répugnance et m'engager à m'y livrer. Il doit être clairement démontré :

Que Bonaparte n'avait aucun intérêt, soit politique, soit personnel à faire immoler Pichegru. Le dénouement du procès dans lequel il était impliqué n'était que trop prévu, la catastrophe en était inévitable.

Que Pichegru était dans une position morale telle, que son grand caractère a dû lui faire préférer une mort libre, volontaire et glorieuse, au déshonneur de la recevoir sur une place publique, aux yeux d'une multitude, avide de la main de l'exécuteur des supplices... A combien de malheureux obscurs, l'horreur de l'échafaud n'a-t-elle p s inspiré ce dévouement !

Que le moyen qu'il a employé pour sortir de la vie était immanquable, que la preuve en résulte de la décision respectable d'un médecin dont les connaissan es et l'expérience en médecine légale sont généralement appréciées depuis long-temps.

Qu'enfin le suicide de Pichegru ne peut plus être nié ni contesté que par cet aveugle esprit de parti que les révolutions enfantent et auxquelles il survit malheureusement.

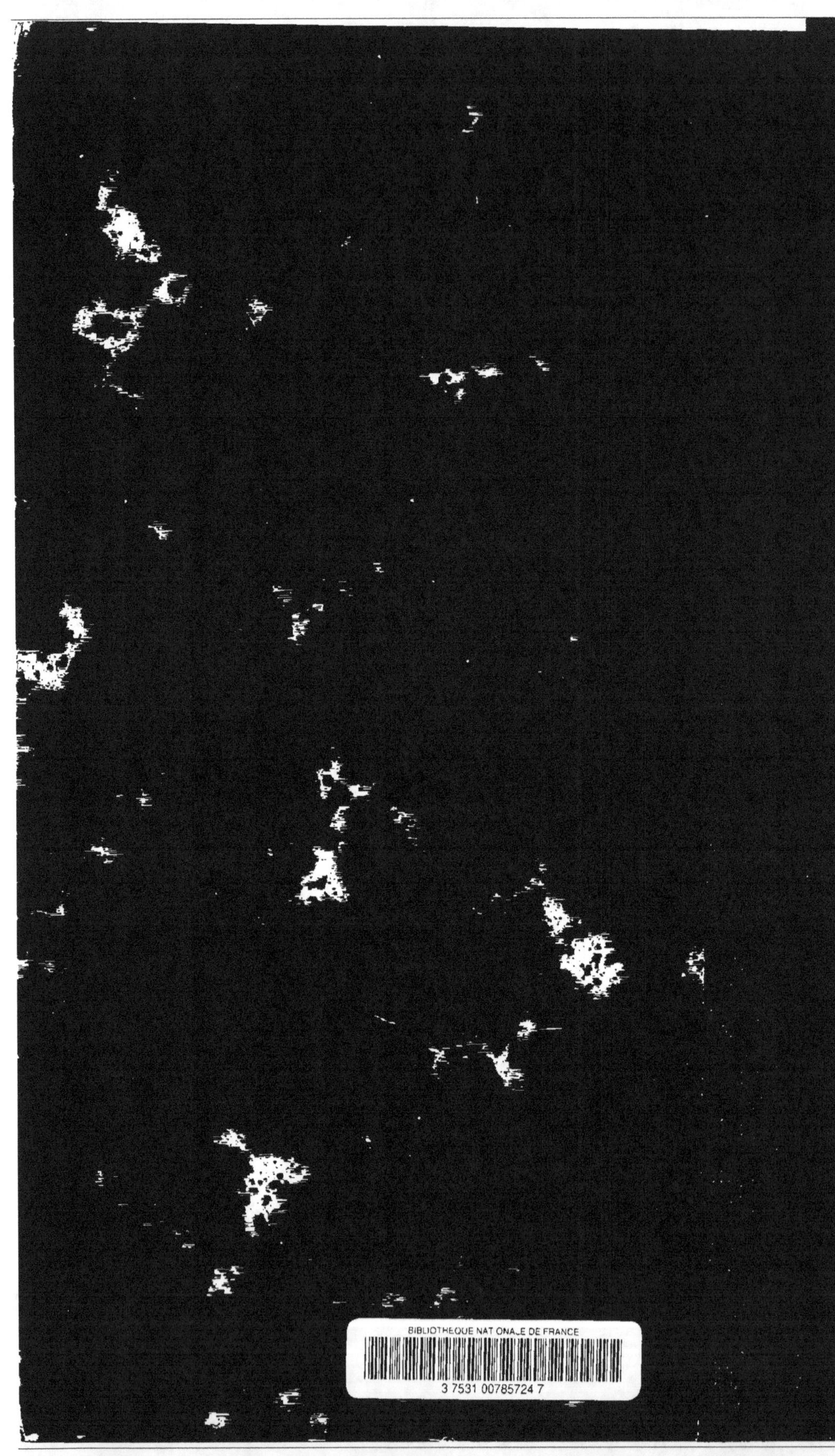